Lk 817.

A M. LE PRÉFÉT DES BASSES-PYRÉNÉES,

OFFICIER DE L'ORDRE ROYAL DE LA LÉGION - D'HONNEUR,

MAÎTRE DES REQUÊTES AU CONSEIL-D'ÉTAT,

Les soussignés propriétaires de Bayonne, quartier de Mousserolles : Jh. BERGERET, J.-P. FORT, NAËL, P. LATAPPY, A. DÉTROYAT, FROMENT Frères, B. COUAT, BOUIN, BERGERET et Compᵉ.

MONSIEUR LE PRÉFET,

Nous avons recours à votre justice et nous sollicitons votre appui pour nous défendre contre une Délibération du Conseil Municipal de Bayonne, qui porte une grave atteinte à nos droits. Elle est conçue en ces termes :
« Séance du 6 février 1846. Le Conseil, sur la propo-
« sition de Monsieur le Maire, délibère : 1° le droit
« de place et de location sera perçu au quartier de

1846

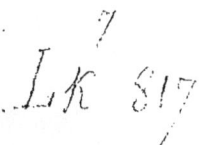

« Mousserolles, depuis la première baraque ou maison
« à l'entrée de Mousserolles, jusqu'au pont de Pé-de-
« Navarre ;

« 2° Il sera fait, pour la perception de ce droit, appli-
« cation du tarif actuellement en vigueur à Bayonne,
« *intra-muros*, pour les quais Galuperie et Cordeliers ;

« 3° Le droit de place et de stationnement sera
« perçu sur la rivière, le long des quais de Mousse-
« rolles, conformément au tarif en vigueur, *intra-muros*,
« pour la rivière ;

« 4° M. le Maire est autorisé à faire, avec les rede-
« vables, tous traités ou arrangements autorisés par les
« règlements communaux, en matière de plaçage. »

Cette Délibération a été déjà ou sera bientôt sou-
mise à l'Autorité supérieure. Notre vœu est qu'elle
n'obtienne pas la sanction royale, et notre espoir,
que vous voudrez bien, Monsieur le Préfet, trans-
mettre à M. le Ministre de l'Intérieur, et appuyer,
par un avis favorable, la réclamation que nous avons
l'honneur de vous adresser.

Permettez que pour vous faire apprécier la mesure
adoptée par le Conseil municipal de Bayonne, nous
vous signalions ici son but, sa portée et ses effets.

Lorsque, il y a quelques mois, un système d'éclairage public par le gaz fut organisé à Bayonne, la plus

grande partie de la ville dut se féliciter de cette incontestable amélioration, introduite dans un service important. Le quartier de Mousserolles, toutefois, ne put participer à la joie commune. Situé en dehors des portes, relégué dans la banlieue, et quelque peu dédaigné, peut-être, malgré son importance commerciale, il avait été éclairé jusque-là, par six modestes becs d'huile. Ce mode vieilli d'éclairage était tombé dans un grand discrédit auprès de l'Administration, qui supprima les six pâles lanternes, mais qui ne donna pas en échange des becs de gaz. Il arriva donc seulement, que Mousserolles ne fut plus éclairé du tout.

La sûreté publique était compromise. Aussi des plaintes se firent-elles entendre de tous côtés. Riverains de l'Adour, négociants de Bayonne, habitants de Mousserolles, chacun réclama, avec instance, le rétablissement de l'éclairage dans ce quartier, où se trouvent les principaux débarcadères du fleuve; et une pétition, chargée de signatures, fut adressée au Conseil Municipal, pour appeler sur cette question l'attention des délégués de la Commune.

M. le Maire, quoiqu'il nous laissât depuis longtemps dans les ténèbres, n'avait point cependant, à ce qu'il paraît, une opinion défavorable à la demande des pétitionnaires: loin de là, il avait conçu le projet de doter Mousserolles de vingt becs de gaz ; mais une idée le préoccupait : il voulait que cet éclairage, resplendissant jusqu'au luxe, fût payé par le quartier qui devait en profiter ; et c'est pour atteindre ce but, qu'il proposa au Conseil Municipal de soumettre au droit de place et de location, des arceaux ou hangars attenant à nos maisons, dont ils font partie, et qui nous appartiennent au même titre que ces maisons.

Voici, Monsieur le Préfet, l'exposé sommaire des motifs sur lesquels M. le Maire appuya sa proposition :

« Les habitants de Mousserolles, a dit ce Magistrat,
« sont exempts des charges communales les plus
« onéreuses. Placés en dehors du rayon de l'octroi, ils
« échappent également au droit de plaçage qui n'est
« établi qu'*intra-muros*. Ils profitent cependant de toutes
« les dépenses faites dans un intérêt communal, et
« payées au moyen des fonds produits par ces deux
« impôts. Il est juste qu'une plus égale répartition
« des charges les assimile à tous les autres citoyens.
« — L'établissement du plaçage à Mousserolles doit
« conduire à un résultat si désirable.

« Le droit de place ou de stationnement pourrait être
« perçu, 1° sous les arceaux ou hangars qui s'étendent
« depuis la maison Latappy inclusivement, jusqu'au pont
« de Pé-de-Navarre ; 2° sur la rivière, le long des quais.

« Il résulte du métré des arceaux ou hangars fait
« par les soins de l'Administration, que la perception
« (en faisant une large part aux locaux non occupés, et
« en fixant le tarif à 2 fr. 50 c. par mètre carré et par
« mois), s'élèverait à 4,500 fr. par an, soit. 4,500 fr.

« Que le droit sur rivière produirait... 416
_____

« Total de la perception présumée.... 4,916 fr.

« Mais il y aurait à déduire de cette
« somme, pour les frais de perception . . 600
_____

« Il resterait donc, net .... 4,316 fr.

« Cette somme suffirait, et au delà, aux
« besoins de l'éclairage public à Mousse-
« rolles ; en effet, vingt becs de gaz, que M.
« le Maire propose d'allumer, ne coûte-
« raient annuellement que. 1,752
_____

« Il y aurait donc en excédant, une somme
« de. . . . . 2,564 fr.
_____

« Laquelle serait employée à la réparation du *pavage de Mousserolles*, et à l'ENTRETIEN DE LA VOIRIE VICINALE. »

Nous sommes propriétaires, Monsieur le Préfet, des arceaux désignés ci-dessus, et nous les occupons habituellement pour les besoins de notre commerce. Il ne faut point croire, toutefois, qu'ils présentent quelque ressemblance avec les arceaux qui se remarquent dans certains quartiers de Bayonne, *intra-muros*, et sous lesquels s'établissent chaque jour des étalages des marchandises les plus diverses et quelquefois les plus précieuses. On ne voit rien de pareil à Mousserolles ; et les hangars qui y sont situés ne reçoivent jamais d'autres marchandises que les produits de tonnellerie, employés pour notre usage exclusif, ou les vins et les alcools qui attendent leur entrée dans nos magasins.

Dans son rapport, que nous allons continuer à analyser, M. le Maire ne dit point, en termes exprès, que ces arceaux, sous lesquels il espère que la commune percevra 4,500 fr. par an, sont des propriétés privées. Mais on voit clairement que telle est sa conviction ; car, sans avoir même élevé un doute sur cette propriété, il examine s'il n'y aurait pas quelque moyen de percevoir l'impôt sous les arceaux, bien qu'ils appartiennent à des particuliers. La question, à ses yeux, n'est pas douteuse ; et pour la faire tourner en faveur de la perception, il s'avise de l'expédient que voici :

« Il est de principe, a-t-il dit (nous analysons toujours),
« et la Cour de Cassation a jugé, que l'Autorité muni-
« cipale peut soumettre à ses règlements, concernant
« la police et la voirie, tous *emplacements* ou *passages*

« *ouverts au public*, bien qu'ils appartiennent à des
« particuliers. — Que, spécialement, un arrêté muni-
« cipal peut disposer, qu'aucun étalage de comes-
« tibles ne pourra avoir lieu dans des passages appar-
« tenant à des particuliers, mais livrés au public ;
« non plus que sur la voie publique, sans qu'au préala-
« ble le propriétaire en ait reçu l'autorisation du Maire.

« Or, ajoute M. le Maire, les arceaux ou hangars
« de Mousserolles sont des passages livrés au public ;
« qu'ils appartiennent ou non à des particuliers, peu
« importe : nuls étalages ou dépôts de matériaux ne
« peuvent y avoir lieu sans mon autorisation ; et puisque
« je puis les interdire absolument, je puis *à fortiori*,
« les autoriser sous condition. »

La condition se devine : c'est le paiement du droit
de plaçage, à raison de 2 fr. 50 c. par mètre carré, et
par mois.

Quant aux moyens d'exécution, ils sont simples :
en premier lieu, un arrêté municipal qui, par mesure
de police, et dans l'intérêt de la sûreté publique,
interdise tout étalage, etc., sous les arceaux de
Mousserolles, sans qu'au préalable les propriétaires
en aient obtenu l'autorisation du Maire : en second
lieu, des autorisations d'établir ces étalages, lesquelles
ne seront données qu'à prix d'argent.

Tel est, Monsieur le Préfet, l'ensemble de la proposition que M. le Maire présenta au Conseil Municipal. Le Conseil renvoya la question qu'elle soulevait à l'examen d'une Commission.

Avertis, comme tout le monde, qu'une affaire qui touchait de si près à nos plus graves intérêts, se discutait au Conseil de la Commune, nous demandâmes à la Commission municipale, et nous obtînmes d'elle d'être admis à lui fournir des renseignements. Nous eûmes l'honneur de mettre sous ses yeux les titres très-explicites et très-clairs qui constatent nos droits de propriété sur les hangars de Mousserolles, et sur le sol que ces constructions recouvrent.

La Commission fit, plus tard, son rapport au Conseil, et fut d'avis qu'il n'y avait pas lieu à l'établissement du plaçage à Mousserolles; mais elle exprima le vœu que le Conseil mît à l'étude la question de savoir s'il ne conviendrait pas de soumettre ce quartier au régime de l'octroi.

Le Conseil renvoya à la même Commission, augmentée de deux membres nouveaux, l'examen de la question de l'octroi et de celle du plaçage.

A quelque temps de là, cette Commission présenta au Conseil un rapport distinct sur chacune de ces deux affaires. Ses conclusions, quant à la première, furent, qu'il n'y avait point lieu de comprendre Mousserolles dans le rayon de l'octroi ; et elles passèrent dans une Délibération prise à l'unanimité, dont les motifs ne sont pas ici à dédaigner. Ils se résument dans ces mots : « Le produit de l'octroi à Mousserolles « ne suffirait pas à payer les frais de perception. »

Quant au plaçage, la Commission pensa que la question de propriété des arceaux était préalable à toute autre. Elle exprima l'opinion que, d'après les titres qui lui avaient été communiqués, cette question paraissait devoir être décidée en faveur des particuliers, propriétaires des maisons auxquelles les arceaux sont attenants.

Elle ajouta qu'en admettant cette hypothèse, l'établissement du plaçage lui semblait empêché par un obstacle légal ; le moyen proposé par M. le Maire ayant à ses yeux (tout ingénieux qu'il pût être) le grave inconvénient de tendre obliquement vers un but que l'on ne pourrait directement poursuivre, et de faire servir une loi de police, à gêner, dans un intérêt purement fiscal, le libre exercice du droit de propriété.

La Commission concluait donc, 1° à ce que M. le Maire fût invité à rechercher, avant tout, si la Commune est propriétaire du sol des hangars situés à

Mousserolles; 2° A ce que, dans le cas où les droits de propriété de la Commune ne seraient pas reconnus, il fût déclaré qu'il n'y a pas lieu à l'établissement du plaçage à Mousserolles; 3° à ce que, dans le cas contraire, le plaçage fût établi.

Si nous sommes bien informés, personne, dans le Conseil, n'alla jusqu'à invoquer un droit de propriété en faveur de la Commune; mais quelques-uns, trouvant très-habile l'expédient proposé par M. le Maire, pensèrent que tout ce qui peut se percevoir est bon à recevoir. D'autres se persuadèrent que, reculant devant des poursuites en simple police ou des procès au pétitoire, nous viendrions à composition, trop heureux de racheter, moyennant quelque argent, la paisible jouissance de vastes locaux qui nous sont indispensables. Peut-être avions-nous fait naître nous-mêmes cette pensée; cinq d'entre nous, dans l'espoir de mettre fin à toute discussion, avaient offert au Conseil d'entretenir à leurs frais, six ou sept becs de gaz qui, placés à Mousserolles par les soins et sous la surveillance de l'Administration, donneraient à ce quartier un éclairage très-suffisant.

Quoi qu'il en soit, le Conseil rejeta, à une très-faible majorité, les conclusions de la Commission, et allant même au delà des vœux de M. le Maire, il prit la

Délibération que nous venons aujourd'hui, Monsieur le Préfet, attaquer devant vous.

Cette Délibération soumet au droit de place « le « quartier de Mousserolles depuis la première baraque « ou maison, à l'entrée, jusqu'au pont de Pé-de-« Navarre. » Quels sont les terrains que l'on a voulu placer sous ce régime? Ce sont, évidemment, pour quiconque connaît les lieux : 1° ceux qui sont recouverts par les hangars attenant à nos maisons ; 2° ceux qui, de l'autre côté de la voie publique, et parallèlement à cette voie, s'étendent en face des hangars jusqu'à l'Adour. Si l'on excepte ces terrains, en effet, on ne trouvera pas à Mousserolles une autre parcelle de sol accessible, si ce n'est celle qui est affectée à la voie publique; notre rue à nous, qui est bordée des deux côtés par les terrains que nous venons de désigner, et qui n'a jamais reçu, ni ne peut jamais recevoir des dépôts de matériaux ou des étalages de marchandises à demeure.

Or, les hangars et le sol qu'ils recouvrent, de même que les terrains qui, de l'autre côté de la rue et en face de nos maisons, s'étendent jusqu'à l'Adour, nous appartiennent incontestablement, comme le démontrent les titres très-explicites et très-clairs qui en ont conféré la propriété à nos auteurs ou à nous. Nous copions ici

les désignations contenues dans l'un de nos actes, pris au hasard. C'est un contrat de vente passé le 3 février 1785, et qui s'applique à la maison Rivière, laquelle appartient aujourd'hui aux héritiers de M. Bouin. On y lit ce qui suit : « Est comparu.... le sieur Supervielle,
« bourgeois..... lequel vend..... au sieur Rivière......
« savoir est : les trois grands chais avec les greniers
« au-dessus, tels qu'ils se trouvent actuellement, vulgai-
« rement appelés de Laborde, situés à Mousserolles
« près la rivière de l'Adour, et aussi les *hangars,*
« *quais et cales qui dépendent desdits chais,* le tout
« appartenant au vendeur pour lui être obvenu du chef
« de Joseph Laborde *qui fit bâtir lesdits chais, quais et*
« *hangars,* sur *l'emplacement* qu'il avait acquis avec
« d'autres fonds, de M. Pierre de Lalande, par contrat
« du 19 mai 1747.... lesquels chais, confrontant par
« devant avec *lesdits hangars, quais et cales, à la*
« *rivière de l'Adour;* par le derrière, etc., etc. »

Vous le voyez, Monsieur le Préfet, jamais propriété ne fut plus clairement exprimée dans un titre. Eh bien, chacun des nôtres est aussi explicite ; et à l'autorité qu'ils élèvent en notre faveur, se vient joindre celle d'une possession immémoriale, et non troublée jusqu'à ce jour.

Que si cependant l'Administration municipale doutait

de la légitimité de nos droits, et prétendait en revendiquer de contraires, ne serait-il pas convenable, au moins, qu'elle provoquât une décision judiciaire avant d'établir un impôt qui, rigoureux en lui-même, devient intolérable quand la légalité de son assiette n'est pas parfaitement démontrée ? Ne serait-il pas d'une bonne Administration de ne pas donner lieu à des tiraillements et à des discussions inévitables, entre le citoyen qui a les plus sérieux motifs de croire qu'il ne doit pas une taxe exigée, et l'agent de perception qui veut obstinément la faire payer ? N'y a-t-il pas quelque chose de regrettable dans ces incertitudes de juridiction, ces difficultés de compétence, ces complications de procédure, que ne peut manquer de faire naître la mise en vigueur du droit de place avant la solution de la question de propriété ? Nos titres fussent-ils donc moins décisifs, nous nous expliquerions difficilement la résolution du Conseil Municipal. Mais nous le répétons, Monsieur le Préfet, personne (que nous sachions) n'a nié jusqu'ici nos droits de propriété.

La qualité de propriétaires ne nous étant pas refusée, nous nous expliquons bien moins encore la Délibération du 6 février, et nous ne saurions croire que M. le Ministre de l'Intérieur consente à la présenter à la sanction de SA MAJESTÉ.

La perception, dans ce cas, n'aurait en effet d'autre fondement que le raisonnement trop subtil à l'aide duquel M. le Maire a cru pouvoir transformer une loi de police en une loi fiscale.

Permettez-nous, Monsieur le Préfet, d'examiner la valeur légale de cet expédient qui consiste à nous interdire, par arrêté municipal et sous prétexte de sûreté publique, tout dépôt de matériaux ou de marchandises sous nos arceaux, et à nous vendre ensuite, moyennant 2 fr. par mois et par mètre carré, l'autorisation d'encombrer, autant qu'il nous plaira, le même passage.

Sans doute, il appartient à l'Autorité municipale d'exercer son action de police dans tous les lieux livrés au public, même quand ils ne sont qu'une propriété privée.

Mais cette action doit se renfermer dans les limites que lui assignent et sa nature et son but.

Essentiellement, et même uniquement protectrice de la sûreté des citoyens, elle n'a à intervenir que lorsqu'il s'agit de les préserver d'un danger ou d'un désordre.

Ainsi quand l'Administration interdit les étalages dans un passage appartenant à un particulier, mais livré au public, c'est parce que ces étalages pourraient compromettre la sûreté de tous, dont le soin est confié à sa vigilance ; mais si leur présence fait naître un danger, comment peut-elle en permettre l'établissement moyennant une rétribution ? La rétribution ne fait pas disparaître le péril. — Et si le danger n'est qu'imaginaire, comment l'Administration peut-elle, sous prétexte d'une nécessité qui n'existe pas, mettre à rançon le propriétaire qui ne veut qu'user de sa chose ? Chacun voit bien que la loi ainsi appliquée mentirait à son principe et serait détournée de son but. Or, il est un danger plus grave que ne seraient précieux quelques écus de plus dans la Caisse communale : c'est le danger de fausser la loi, de détruire ainsi, dans l'esprit des populations, la confiance et le respect qu'elle doit leur inspirer, et de les accoutumer à croire que ses dispositions sont un instrument qui, selon le temps ou la main qui l'emploie, peut servir à les opprimer aussi bien qu'à les défendre.

Et, d'ailleurs, Monsieur le Préfet, si le projet de M. le Maire pouvait être exécuté, il nous serait bien facile (et nous ne manquerions pas de le faire) de lui opposer un obstacle que chacun déjà a pu prévoir. Il nous suffirait d'une légère clôture à claire-voie, élevée à un mètre de hauteur, et dont la confection nous coûterait moins que la perception du plaçage pendant un semestre. Il faudrait bien, en effet, que le passage public et, avec lui, l'action municipale s'arrêtassent devant cette barrière

Si nous ne nous abusons, Monsieur le Préfet, les observations que nous avons eu l'honneur de vous soumettre condamnent la Délibération du 6 février ; mais il est d'autres considérations qui l'attaquent jusque dans son principe, et qui font voir que s'il s'était agi d'un terrain notoirement communal, le plaçage résolu n'en eût pas moins été une mesure injuste et reposant sur de fausses données.

Nous vous prions de remarquer que les deux motifs déterminants de la proposition de M. le Maire et de la Délibération du Conseil sont : en premier lieu, la nécessité de pourvoir aux frais de l'éclairage public à Mousserolles, et en second lieu, l'opportunité de soumettre ce quartier aux charges communales dont il est actuellement exempt.

Examinons le premier motif : Il faut pourvoir aux frais de l'éclairage.

M. le Maire demandait vingt becs de gaz ; et d'après le traité fait avec la compagnie adjudicataire de ce service, il évaluait leur dépense annuelle à 1,752 fr.

Mais il est aujourd'hui reconnu et avoué par tout le monde, que huit becs suffiront largement aux besoins de Mousserolles ; la dépense annuelle ne sera donc que de . . . . 700 fr. 80 c.

Or, M. le Maire, dans ses prévisions, porte la recette probable du plaçage, sous les arceaux seulement, à . . . . 4,500 fr.
On peut dire qu'elle serait augmentée au moins de moitié, par la perception sur les terrains qui bordent la rivière, ci. . . . 2,250

6,750 fr. » c.

Il y aurait donc, l'éclairage payé, un excédant de recette de 6,049 fr. 80 c., *qui n'est pas justifié* par la nécessité de pourvoir aux frais de cet éclairage, ci. . . 6,049 fr. 80 c.

Mais quelle dépense nouvelle a exigé la perception de cette somme ? Une commune ne peut chercher à se procurer des ressources, au moyen d'une taxe imposée à ses habitants, que pour subvenir à des dépenses nécessaires et prévues. Eh bien ! nous demandons quel emploi a été assigné d'avance à cette somme de 6,049 fr. 80 c.

M. le Maire, à la vérité, a bien dit au Conseil Municipal que l'excédant de recette, qu'il n'évaluait qu'à 2,564 fr., serait employé à la réparation du pavage de Mousserolles et à l'entretien de la voirie vicinale : mais quoi ! est-ce donc que Mousserolles doit payer à lui seul la réparation d'un pavé qui, certainement, n'est pas usé par ses seuls habitants ? est-ce que cela se pratique ainsi dans les autres quartiers de la ville ? est-ce que les habitants de l'ancienne et de la nouvelle place d'Armes ou de la rue Ouesque-Neuve, que l'Administration vient de doter d'un magnifique pavage, ont, par hasard, payé au moyen de quelque taxe spéciale, la dépense considérable que cette amélioration a exigée ? Mon Dieu non ! leurs charges n'ont pas été augmentées d'un centime. Et il devait en être ainsi. Nous le reconnaissons volontiers ; mais à condition toutefois que l'on voudra bien reconnaître aussi que la loi doit être égale pour tous, et que notre quartier, déjà si foulé par les servitudes militaires, ne doit pas supporter une part exceptionnelle des charges communales.

Quant à l'entretien de la voirie vicinale, nous ne pouvons non plus, en vérité, croire que les frais en doivent être perçus sur nous au moyen du plaçage. Cette dépense est payée par un fonds spécial, pour lequel nous sommes imposés autant que tout autre et plus que bien d'autres, parce que la nature de notre industrie exige que la plupart de nous aient des chevaux et des voitures ou charrettes. On ne peut exiger légalement de nous aucune autre taxe pour cette destination.

Sans doute, Monsieur le Préfet, tel membre du

Conseil Municipal de Bayonne objecterait à nos observations ce reproche déjà bien vieux, mais qui n'en est pas plus juste, que nous sommes exempts de plusieurs charges communales, et que nous devons par conséquent nous montrer plus faciles à l'endroit de la perception.

Nous lui répondrions, que nous ne sommes pas plus exempts des charges communales que ne le sont les autres quartiers de la ville, *intra-muros*. Que si, enfin, nous sommes exempts de ces charges, c'est que nous ne nous trouvons pas dans les conditions auxquelles elles sont imposées. Ainsi, par exemple, on a répété bien souvent au Conseil, pour en tirer de grosses conséquences, que nous ne sommes pas dans le rayon de l'octroi : eh bien, quand on a examiné avec attention la question de savoir s'il convenait de nous y placer, chacun a été d'avis qu'il fallait s'en garder soigneusement, parce que le produit de l'octroi, dans notre quartier, ne couvrirait pas les frais de perception. D'où vient cela ? De ce que notre population est peu nombreuse, et consomme peu de denrées imposées. Cette absence de consommation qui serait l'unique cause de l'absence de produit à l'octroi, nous procure-t-elle donc quelque profit dont on doive se montrer jaloux ? Toute la banlieue de Bayonne n'est-elle pas d'ailleurs comme nous exempte d'octroi? et ne semblerait-il pas, à entendre l'argumentation du Conseil Municipal, que c'est pour nous faire faveur que cette exemption nous a été accordée ?

Quant au droit de plaçage, il ne se perçoit pas à Mousserolles, non plus que dans les autres parties de la banlieue. Mais est-ce à dire pour cela que nous en soyons entièrement affranchis? Non sans doute! car nous le payons, comme tout le monde, *intra-muros*, chaque fois que nous nous y trouvons placés dans les conditions qui donnent lieu à la perception, c'est-à-dire chaque fois que nos marchandises y stationnent. Il en est de même de plusieurs quartiers de la ville proprement dite; de même des Allées-Marines, où s'exerce une industrie semblable à la nôtre. Pourquoi donc cette persévérance à nous croire les privilégiés de la commune ?

Certes, si nous l'avions été jusqu'à ce jour, vous reconnaîtrez sans peine, que la Délibération du 6 février nous ferait durement expier les faveurs passées. Nous vous avons prié de remarquer plus haut, Monsieur le Préfet, que, d'après les prévisions de M. le Maire (prévisions qui, eu égard au tarif adopté, seraient certainement dépassées), la perception sous les arceaux seulement produirait par année........ 4,500 fr.

Nous sommes convaincus que la recette sur les terrains qui bordent l'Adour, et qui n'entrait pas dans les prévisions de M. le Maire, atteindrait au moins.......... 2,250 fr.

M. le Maire évalue la recette sur la rivière à.............................. 416

Ainsi, le produit brut serait annuellement de........................... 7,166 fr.

La population de Bayonne, *intra-muros,* en y comprenant la population flottante qui contribue pour une partie au droit de stationnement, se compose de 15,000 âmes au moins. Elle paie au plaçage environ 28,000 fr.

La population de Mousserolles compte 280 habitants, et elle paierait 7,166 fr., c'est-à-dire plus du quart de la somme payée par 15,000 âmes!

Que disons-nous? Ce ne sont point les 280 habitants de Mousserolles qui supporteraient ce lourd fardeau. Non, il pèserait tout entier sur huit ou dix d'entre eux, sur nous seuls, Monsieur le Préfet; car, en dehors de nous et de nos agents, la population de Mousserolles, presque exclusivement composée d'ouvriers, ne se livre à aucune espèce de commerce; de sorte que nous occupons seuls les terrains qui seraient soumis au plaçage, et que l'exercice de notre industrie nous rend indispensables. Ainsi, chacun de nous serait imposé, en moyenne, à plus de 700 fr. par an, et cela sous prétexte que nous sommes du reste trop favorisés.

Si une telle taxe pouvait être établie par l'Administration municipale, elle ferait déserter la commune qui l'aurait imposée. Heureusement, Monsieur le Préfet, que nous pouvons en appeler à votre justice éclairée, de l'erreur du Conseil municipal. Nous mettons en elle toute notre confiance, et nous vous prions de provoquer le refus d'approbation de la Délibération du 6 février dernier.

Nous avons l'honneur, Monsieur le Préfet, de vous saluer respectueusement.

Ainsi signés : Jh. Bergeret, J.-P. Fort, Naël, P. Latappy, A. Détroyat, Froment Frères, B. Couat, Bouin, Bergeret et Comp^e.

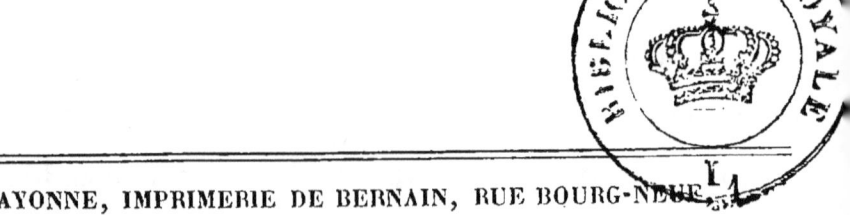

BAYONNE, IMPRIMERIE DE BERNAIN, RUE BOURG-NEUF.